La luna y sus ciclos
Aura Metzeri Altamirano Solar

Portada realizada por Grisha Siloe Martinez Cabral

Prefacio

Desde pequeña he sentido una atracción infinita por la Luna. Supongo que mucho tiene que ver que crecí viendo la increíble serie "Sailor Moon", que en el futuro sería también mi primera introducción a la astrología. Entre ello y la lectura de mitos griegos, pasé en la adolescencia a amar el psicoanálisis jungiano, la interpretación de los sueños y los símbolos, de ahí nos movemos a Joseph Campbell y Mircea Eliade. Este extraño grupo de intereses representó una iniciación para mi. El objetivo de este escrito es introducirte al mundo de la observación de los ciclos celestes, específicamente, en los ciclos lunares.

Luz y sombra se encuentran en estos ciclos, la siembra y la cosecha, nacimientos, matrimonios, mudanzas y tantos otros asuntos humanos se veían influenciados por los calendarios lunares de los antiguos, y nosotros, entre soles artificiales nocturnos, una coctelería terrible de hormonas sintéticas, y en general, una vida humana completamente distorsionada hacia lo artificial, hemos perdido el significado conciente de la observación de la bóveda celeste. No todo está perdido, podemos tomar las herramientas tecnológicas con sabiduría y acceder a este tipo de materiales con una facilidad sorprendente. El verdadero trabajo se encontrará en la auto observación, esta, se precede de un largo proceso de conciencia sobre los ciclos lunares. Te invito pues, a adentrarte en las profundas aguas de este conocimiento milenario, no sin antes, encender con mucha fuerza tu luz interior, pidiendo a quien creas pertinente, guía y soporte, mi recomendación es, pedirlo al amor universal que todo lo sostiene.

Introducción:

Dicen que la Luna es el hogar de los maniacos, entre ella y las estancias de Neptuno, se unen todos los artistas, los locos, todos aquellos que unen la dualidad de los planos mentales y emocionales. La superposición del Gran espíritu se manifiesta en estos niveles.

Tal vez, querido lector, lectora, sea la primera vez que te adentres de manera profunda en estos temas, y, ¿Por qué no hacerlo con la madre cósmica? El ver a la Luna es una actividad nutritiva tanto física, como mental y espiritualmente. No es de extrañar que los perros, descendientes de los lobos, sean el animal que está en mayor cercanía con el ser humano, pues se dice que ellos saben leer los indicadores de la naturaleza. Aúllan ante la Luna llena porque reconocen que es el tiempo de la mayor de las revelaciones, y ahora, poniéndome en contacto con los lobos, he decidido aullar mi verdad, esperando que te sea de una gran utilidad. Comparto entonces, desde mi experiencia que es ínfima, pero vivida en consciencia y amor.

Escrito desde el corazón, Aura Metzeri.

Como es arriba es abajo, como es adentro es afuera

Esta lectura no te ha llegado por casualidad. Yo, Metzeri, una figura externa a tu conciencia individual, la ha escrito, pero tu has buscado de forma conciente o inconsciente esta información. Existe ya muchísimo escrito sobre la Luna y sus ciclos, dentro de todas las elecciones posibles, no solo has encontrado esta opción, si no que la has elegido de manera consciente. Aprovecha esta invitación para hacer tuyo este conocimiento ancestral, toma lo que te sirva y desecha lo que no.

He citado este principio hermético para hablar sobre la importancia de la observación celeste, pues bien se ha dicho que todos los eventos en el cielo son una advertencia para la tierra, pero claro, al ser un arte con una recompensa tan deseable, se vuelve también complejo de leer. No hablaremos aquí de astrología predictiva (que me parece, en lo personal, un arte de muchísimo cuidado, pues roza en temas que no deberían concernir al alma humana), hablaremos, más bien, de ciclos que podemos observar y más que nada, sentir y aprovechar para nuestro desarrollo personal. Nuestra biología está adecuada a los ciclos de la tierra. El observar la Luna nos alimenta en varios niveles y no por ser inconsciente sobre sus influencias nos volvemos menos acreedores de sus regalos.

Observa las aguas dentro de ti, que son las emociones, vívelas en consciencia y encontrarás ahí una clave para la fluidez de la que hablan los maestros taoístas. Observa como la Luna recorre la bóveda celeste y como su simple observación puede obrar milagros dentro de ti.

El animal lunar, los deseos reales del espíritu mediante la realización del alma

Sin lugar a dudas, los animales lunares han ganado un lugar muy especial dentro del hogar. Basta voltear a ver a los cangrejos, que cargan con su propio hogar y dibujan en sí, una imagen fuerte e impenetrable, pura como la Diosa Artemisa. Es ahí donde la Luna recibe el nombre de templo, pues no debe ser profanado.

La observación del animal lunar nos ayuda a comprender que éste es un ser complejo, lleno de cambios y una fluidez y suavidad excepcionales. El concepto de la energía Yin nos ayuda a comprender con una profundidad mucho mayor el funcionamiento lunar. En exceso se forma el caos, y esto es precisamente lo que buscamos disipar en este escrito.

Observa a los perros y sus principios de valor y lealtad que les son inseparables, observa la energía lunar que guarda y protege, desde los lobos y sus tribus complejas, solitarias, hoscas y a la vez, sumamente familiares.

Si has convivido con dichos animales, encuentras una herramienta divina para el trabajo con la Luna, no desaproveches el observar su comportamiento en distintos lugares y con distintas personas.

Yo tengo cuatro perros, dos hembras fuertes y relativamente grandes (Freyja y Nanawe), como bien se esperaría de mis raíces familiares matriarcales, y dos pequeños perros nerviosos y sumamente cariñosos (Merengue y Mazapán) . Es aquí donde vemos la superposición de los opuestos, dos hembras con nombres de dioses y dos machitos con nombres de dulces. Recordemos que los nombres y los animales de los que decidimos rodearnos, indican aspectos de nuestra propia naturaleza.

En resumen, después de algunas pesquisas te lo digo, ¿Quieres comprender mejor a la Luna? Acércate a las bestias lunares: Perros, gatos, lobos, pulpos y cangrejos.

El agua es el mayor receptor, el mayor envase, y como tal, la gran madre tiene su mayor influencia sobre ella.

¿Alguna vez has visto cómo el mundo termina patas arriba durante las Lunas llenas?, ¿Y como todo parece más vacío y seco durante las Lunas Nuevas? . He aquí la clave, así como los mares se mueven y cambian durante las diversas fases lunares, también se mueve el agua de las plantas, esto es un hecho científico y conocido, es por ello que se cosechan las raíces durante la luna nueva, y los frutos durante la llena. No cabe duda que el agua, al ser receptora de las fuerzas electromagnéticas, se ve influenciada en gran medida por la Luna, y pasa así con nuestra propia agua, que carga con la información del alma. Es entonces, cuando concientizamos el proceso de la triple Diosa, que somos capaces de ir con la corriente, de entender el propósito de cada ciclo y darle voz a la intuición femenina.

El adentrarse en este viaje, conlleva sus riesgos, será darle rienda a la imaginación y a todo aquello que en ocasiones pierde el sentido. Disolverse en el Gran Espíritu nos convierte en canales, y si no nos encontramos sintonizados como debemos, podemos ser utilizados por nuestra sombra y esto impide un avance real y concreto, pues se apodera de nuestra psique y requerimos de un gasto energético mayor para domarle nuevamente e integrarle. Es así que este viaje requiere de mucho discernimiento y la luz de nuestra conciencia, purificada por el agua de la fuente eterna, que es el amor. Una vez completada esta operación, donde primero se sacrifica temporalmente el intelecto, para poder bajar la conciencia a nuestra agua interna, podremos adentrarnos sin temor en el mundo de lo femenino y las emociones.

El matrimonio cósmico y su danza eterna, dejando de lado la rivalidad.

Esta invitación se extiende para ambas partes de la dualidad, lo femenino dentro de lo masculino ha tratado de ser invisibilizado, menospreciado y socavado (no cabe duda que de esos errores psíquicos ha devenido la depreciación general de lo femenino). Es tiempo de que ustedes, guerreros, recuperen también el arquetipo de la sacerdotista dentro de sí. Una advertencia será que pueden descalcificarse una tonelada de emociones con esto, pero los que estén dispuestos a atravesar el umbral del dolor y transformar a su ser, darse nuevas alas como el fénix, recibirá el regalo del amor incondicional,

En el viaje, observaremos como la luna va quitando el velo, este velo es todo aquello que no somos, las capas que nos pone por protección el ego, esto va enterrando nuestro ser esencial, el cual, patalea para salir de manera desesperada. Es por ello que les invito a aprender a morir y a revivir con cada Luna. Sacrifiquen entonces, al ego tiránico que insiste en mantener esas capas que enquistan nuestro dolor, dejemos que resurja como un ego más sano, con un poco menos de miedo y más dispuesto a comprender los influjos de la vida.

El mundo de la luz, y el mundo de la sombra

La Luna se concibe en fases, es por ello que en ocasiones se le llamaba "La triple Diosa" , sin embargo, sabemos que existen cuatro principales, ¿Por qué no hablamos de la Luna nueva? . Fácil, a la sombra no se le nombra con ligereza, pues recordemos que no debe ser quien tenga un mayor flujo de atención y energía, es aquello que opera en el misterio, y como tal, se le debe respetar. Podemos nombrar a la sombra cuando tenemos objetivos claros y razones buenas para hacerlo, con el más profundo respeto, pues ella es quien guarda los secretos. Entrar en el reino de la sombra es jugar con el destino y el libre albedrío, es estar en la presencia de las Moiras a sabiendas de que, cualquier error, puede costarnos nuestras posesiones (materiales y espirituales) más apreciadas. Es por ello que, para dejar con amor y respeto el tema, se mencionará únicamente que la sombra es la ilusión hecha por la dualidad, es el momento más yin de la fase lunar, donde la energía no debe ir hacia afuera, pues es como una semilla en su estado previo al crecimiento, necesita nutrirse.

Pasando a la siguiente fase, la creciente o la doncella, nos encontramos en una época de mucha nutrición, de mucha felicidad en estado puro a inocente, que da lugar al crecimiento correcto de las cosas. El no derrochar energía también es indispensable, pues aún no se ha completado el objetivo. En esta fase podemos disfrutar de las cosas simples y alimentar nuestros propósitos con paciencia y amor.

La Luna llena significa la realización total, las verdades son reveladas y la mujer está en flor de vida. Todo lo que se coseche tendrá voluptuosidad, siempre que sean frutos propios de la época (aprenderemos sobre esto más adelante) , se notará la culminación de un ciclo. Esta parte de la luna nos invita a disfrutar y regocijarnos por el trabajo logrado.

La luna menguante simboliza la preparación para la muerte, o mejor dicho, la trascendencia del ciclo anterior. Esta fase es excelente para desechar todo aquello que deba desecharse, podríamos compararlo a los rituales de duelo, donde se cierra lo no realizado, se devuelve esa energía a la tierra para su transmutación.

Una parte del ciclo no puede existir sin la otra, y aún cuando estamos atados al mundo de la dualidad, debemos comprender que es falsa. Mientras más fuerte sea la luz, más grande será la sombra. Para esto, se recomienda trabajar en la sombra sin caer en la obsesión, dejando que estos agentes trabajen tras bambalinas cumpliendo nuestros objetivos e integrándose en nuestro ser de una manera sana, equilibrada.

Encontrando al ser esencial

El objetivo último de este plano de conciencia es la expansión del conocimiento, te invito a leer estas páginas con el asombro de un niño cuyos ojos ven la esencia del mundo como algo cristalino, deja que resuene en ti la información en todo nivel, conviértete en el observador para comprender todo lo que puedan provocar estas palabras en ti.

Un arquetipo con el que me siento sumamente agradecida, es la serpiente. Bendito animal sagrado que nos dio el regalo del discernimiento, nos enseña el ciclo de morir y renacer bajo una nueva piel, no es sin sentido que se le represente como traidora, pues es sumamente poderosa y al haber hablado de la sombra, entendemos el peligro del poder, la doble cara. Recordemos que la serpiente tiene un significado sagrado positivo también, la filosofía Kundalini nos habla de esto, así como el mito de Quetzalcoatl.

Dejemos entonces, que la Luna nos descarapele de lo que no somos, para que surja un ser más refinado, que fluye más dentro de las aguas de la psique y de la vida. Que aprende a dejar las emociones en su lugar correspondiente y las transmuta en oro.

Durante años, he soñado con agua. Amo el agua (mi Sol en piscis es sumamente feliz imaginando que puede respirar bajo el agua), y en esta travesía me encontraba sueños terribles, con agua estancada, criaturas viscosas y sucias. Ahora, sueño con mares claros, azules y esmeraldas por los que puedo navegar, reconociendo que es algo mucho más grande que yo y le respeto, dicho respeto me es regresado con seguridad y una promesa de no engullir. Es así como represento mi relación con el mundo de las emociones, ya no me resisto, pero si pongo la luz de mi consciencia.

Así es cómo podemos cumplir el propósito de la existencia humana desde la dicha, permitiéndonos sentir con un profundo respeto ante las aguas de Neptuno.

Tabla de contenidos

Capítulo 1: La Luna y la raza humana: O nuestra consciencia sobre los ciclos y el nacimiento del conocimiento

Existe un simbolo de enorme sacralidad que nos ayuda a comprender los ciclos, la serpiente que muerde su propia cola, es el símbolo del infinito, de lo innombrable que es el padre tiempo, circular y no linear. Hay quienes proponen que el tiempo funciona como una espiral, e ideas tales las encontramos en diversas disciplinas, los herméticos hablaban sobre el principio de ritmo, donde:

"Todo fluye y refluye, todo tiene su avance y su retroceso, todo asciende y desciende, todo se mueve como un péndulo; la medida de su movimiento hacia la derecha es la misma que la de su movimiento hacia la izquierda. El ritmo es su compensación"[1]

Dicho principio nos enseña, entonces, que el tiempo no es ese verdugo que cierra puertas sin razón alguna, nos quita el velo de que el tiempo, como caminante inexorable, nos permita cambiar y cumplir nuestros objetivos.

El conocimiento de los ritmos implica la posibilidad de anticipar eventos, magnificarlos, minimizarlos y en general, darles un matiz diferente dentro de la vida humana. El ser humano, al adquirir consciencia , salió del estado en el que era juguete de los ritmos, pues si bien el instinto animal los sigue y respeta, es también por completo dependiente. Obtuvimos el regalo de la consciencia, que por un lado, describiré como el estado del observador, siempre que hablemos desde una perspectiva positiva, y como el estado del juez, siempre que hablemos desde una perspectiva negativa. Contamos con ambas partes de la conciencia y están en un juego eterno que no tiene ganadores siempre que nos mantengamos en un estado inconcluso de nuestro ser.

El observador tiene la capacidad de retraerse de la información presentada, lo cual, puede ser sumamente útil (especialmente si existen emociones fuertes, o como lo llamaría Vadym

---

[1] Tres iniciados (1908) El Kybalion, Estudio de la filosofía hermética del Antiguo Egipto y Grecia, pag. 11, versión digitalizada por Jesús M. López, MST San Juan, Puerto Rico

Zealand, potenciales excesivos[2]) , al crear espacio entre un evento y nosotros, creamos espacio también para la solución adecuada a dicha problemática. En cambio, quien enjuicia se compromete de manera seria con el entretejido de la situación y puede verse absorbido por esta. Claro que este componente del juez puede refinarse para convertirse en un verdadero discernimiento, pero para ello se necesita mucha presencia del observador en conjunto con una mente racional muy afinada, libre de miedos, velos y carcasas que protejan a nuestros verdaderos pensamientos, he ahí la necesidad del espacio que nos da el observador.

Es entonces, con la creación de la conciencia, que el ser humano pudo trazar el esquema de los ciclos. Es bien sabido que esto significó el surgimiento de la agricultura, lo cual, pasó a ser la base de la civilización. Con el tiempo, la disciplina astrológica (que era una misma con la astronómica) , permitió al humano comprender más a fondo los ciclos naturales, por medio de los ciclos planetarios. Sin embargo, cabe destacar que el ciclo primordial, el cual es imposible se escape de la consciencia, ha sido la primera dualidad del tiempo, a saber, el Sol y la Luna, el día y la noche, siempre han marcado la psique humana.

Al surgir el "conocimiento del bien y del mal"[3], el ser humano condicionó a su propia vida a la dualidad, es una constante de las que pocas veces se puede huir, sin embargo, dicha dualidad ha permitido otros principios maravillosos, pues son sumamente productivos, como bien se menciona en el principio de Generación[4]. Y es, precisamente, el conocimiento de esta dualidad, lo que nos permite estudiar a la Luna como creadora de nuestros ciclos principales, que trabaja, claro está, con la otra cara, el Sol.

En los capítulos siguientes, daremos un recorrido rápido por las diversas fases lunares, no siendo éstas únicamente las conocidas ya con respecto a su posición con el Sol, hablaremos también de manera general, de su posición con respecto a las constelaciones y como nuestra Luna interna interacciona con dichas fuerzas, dando una idea cíclica para nuestro proceso psíquico.

---

[2] Zealand, Vadim (2010) Reality transurfing, Tomo I el espacio de las variantes, como deslizarse por la realidad, capítulo IV, editorial Obelisco.
A este respecto, se nos plantea que las emociones son capaces de crear una fuerza que mueve los acontecimientos y nuestras intenciones a partir de los llamados " potenciales excesivos" que muchas veces, al actuar desde la inconsciencia y con nuestra impulsividad, pueden resolverse a menudo en contra de nuestros deseos y objetivos.
[3] Génesis 3:4 - 3:7
[4] Tres iniciados (1908) El Kybalion, Estudio de la filosofía hermética del Antiguo Egipto y Grecia, pag. 19 , versión digitalizada por Jesús M. López, MST San Juan, Puerto Rico

Capítulo 2:
Las fases lunares, una danza eterna

Aquí nos ayudaremos con el arquetipo de una Diosa del panteón griego, Hécate. Bien es sabido que la Luna es atribuida a las brujas, a la magia, y tiene muchos usos a nivel práctico, no es casualidad que Hécate sea patrona de las plantas, de las hierbas medicinales, de los perros y las criaturas nocturnas. La Luna se caracteriza por ser de ciclos muy rápidos (hay entre 12 y 13 ciclos lunares al año), es sumamente cambiante y receptiva. Por Ley de Correspondencia, está estrechamente relacionada con el agua, la sangre y los nutrientes que estos elementos transportan, he ahí la razón de los cambios de temperamento durante los diversos ciclos lunares. Revisaremos de manera general, cada una de las lunas dentro de sus fases y los signos zodiacales, recordando que la interpretación completa sería compaginando la fase lunar más el signo en el que se encuentra. Esta herramienta nos servirá para dos motivos: Uno de autoconocimiento (al conocer de manera profunda la Luna natal) y el otro, nos ayudará a comprender bajo qué energías se encuentra un momento específico, lo cual, nos permitirá alinearnos y al conocer de qué manera reaccionamos ante cada fase lunar, tomar decisiones que prevengan un sesgo dado por la emoción o la racionalidad desmedidas.

Recurriremos aquí, a las cualidades hipocráticas, calor, frío, seco y húmedo y a los cuatro temperamentos básicos, por lo que la consulta de las mismas será de gran ayuda para el lector.

Luna Nueva o cualidad fría, correspondiente al temperamento flemático:

Bajo esta Luna, el agua se encuentra concentrada en las profundidades de la tierra, es por ello que es ideal para sembrar y para cosechar raíces, pues el influjo natural del ciclo, llevará de manera natural el agua hacia arriba y esto propicia el crecimiento de las plantas. Del mismo modo, nos encontramos en un momento ideal para plantar objetivos, transmutar patrones de pensamiento/emoción que ya no nos son útiles, es una Luna llena de misterio, algunas veces puede suscitar mucho dolor en quien la experimente, es un portal para plantar objetivos y terminar ciclos. Su paso bien puede ser comparado a la estación invernal donde todas las cosas están dormidas, a punto de pasar a la vida gracias a la enorme nutrición de esta temporada y la explosión de la vida que significa la primavera. En este momento trascendemos el ciclo anterior y nos preparamos para vivir el siguiente. Como tal Hécate no nos da una imagen esta Luna , pues es el momento del gran misterio, que es, en última instancia, el momento entre la muerte y la vida, esto puede ser visto también como la estancia en nuestro primer hogar, que fue en el útero, un lugar completamente oscuro y húmedo, donde la energía reposa y se nutre, se está en un potencial enorme que no ha sido expresado.

Dentro del temperamento personal, esta Luna puede caracterizarse por ser de movimientos lentos, profundos, sumamente arraigados a lo emocional, poseen cualidades nutritivas y palabras como la paciencia y el cuidado, el misterio y un interés profundo por la actividad intuitiva sirven para describirle. Otra palabra clave sería la trascendencia, pues esta Luna ha dejado ya los ciclos morir, y como tal, reconoce el todo y se prepara para dar vida a nuevos ciclos.

Luna Creciente o cualidad húmeda, correspondiente al temperamento sanguíneo:

El gozo y la experimentación son las palabras con las que podemos describir a esta Luna, aquí, la nutrición que se empezó en la fase anterior sigue siendo patente y empiezan a manifestarse los signos de la vida, de una manera jovial, alegre, pura e inocente. Las cosechas de los tallos serán las más prolíficas, ya que la energía se encuentra en este punto medio. Podemos observar a la imagen de la doncella en esta temporada, quien, llegando a la flor de vida, sigue alimentándose de manera prominente, llenando y expandiendo todo aquello que toca. Es una fase que sirve para crecer lo más posible antes de llegar a la cúspide. Es un momento ideal para podar, cortar el cabello, nutrir de manera profunda a los plantíos y a nuestros objetivos. Las cualidades expansivas suelen hacerla una luna muy prolífica. Se le equipara a la estación de primavera.

Dentro del temperamento personal, esta luna se caracteriza por su flexibilidad y jovialidad, corresponde a personas con cualidades bastante alegres, expansivas y artísticas. Es una Luna que goza mucho del conocimiento y se sorprende con relativa facilidad. Su actividad favorita es la experimentación.

Luna Llena o cualidad caliente, correspondiente al temperamento colérico:

En esta etapa, el proceso da sus frutos, es donde se recomienda la cosecha de frutas, flores, hojas, el agua se encuentra en su punto más alto y los nutrientes están disponibles en mayor cantidad en esta área. Es una fase de regocijo, pues los frutos del ciclo anterior, están listos para ser consumidos. Enérgica, apasionada, expresiva y fogosa serían las palabras correctas para esta Luna, la imagen que se nos da es la de la mujer adulta, madura, que está en el apogeo de la vida, se encuentra ya realizada y aún con un largo camino por delante. Es el mejor momento para llenarnos de un profundo agradecimiento y amor por las cosas que nos han sido dadas. Es la Luna en su máxima faceta. Un excelente ejercicio durante esta temporada incluye no sólo la observación de dicha Luna, también el consumir sus frutos, por medio de rituales, sentimientos profundos de agradecimiento y la reflexión interna son excelentes ejercicios de auto observación. Se le puede equiparar a la estación del verano.
Dentro del temperamento personal, esta Luna suele verse como personas sumamente energéticas, con una gran iniciativa y amor por la vida. Suelen tener una gran sensibilidad emocional, pero cabe destacar que sus emociones suelen ser "explosivas" o de corta duración, ya que su movimiento psíquico es rápido, por lo que se les puede llegar a considerar lunas muy expresivas y cambiantes.

Luna menguante o cualidad seca, correspondiente al temperamento melancólico:

Nos encontramos ante una fase llena de misterio, pues es, como la Luna nueva, aproximada a la muerte. Dentro de esta etapa, podemos observar la imagen de la anciana, quien, con la experiencia acumulada, desarrolla sabiduría, cautela, una felicidad interna que se mantiene apacible, a diferencia de la pasión de la Luna llena. Podríamos decir que esta es la Luna más racional, al encontrarse en una fase en la que se está "apagando", las cosas, paulatinamente, se vuelven más lentas, todo avanza de manera pausada y lo que no funciona se va purgando, buscando el ahorro máximo de energía. Durante este periodo es propicio el desecho de lo que no funciona, ya sea la poda, deshacerse de viejas costumbres, pues cualquier iniciativa que tengamos en esta etapa, tenderá a volverse más lenta, y es aquí donde se abre el gran portal para la transmutación del plomo psíquico (incluso más que la etapa de Luna nueva) . Se equipara a la estación del otoño.

Dentro del temperamento personal, esta Luna suele ser muy medida, ahorra recursos emocionales tratando de racionalizar todas las situaciones, esto puede ser problemático si no encuentra una salida para su emocionalidad sana. Son personas con un gran nivel de integración de la experiencia, necesitan aprender en ocasiones a vivir de manera más convencional su propia emocionalidad.

Hemos hablado así de un esquema básico de cuatro fases, cabe mencionar que todos los microciclos tienen sus propias particularidades, y podemos observar que el cambio nos da una enorme cantidad de matices, he aquí tarea para el que se inicie en estos misterios, observar dichos matices y aprender a distinguir sus cualidades. Esto pretende ser una guía básica que incentive tu propia curiosidad.

Hablaremos ahora, de un tema más lleno de matices, la Luna dentro de la rueda zodiacal.

Capítulo 3:

Nuestra madre cósmica interna, como funciona cada una de las Lunas dentro de nuestro mapa celeste

La rueda zodiacal representa los matices de los ciclos naturales, siendo un mapa básico que ahonda en el conocimiento del ser. Si bien nos encontramos en una época donde existe una sobre identificación con el signo solar (representando este al ego y la personalidad exterior), y un hiper materialismo, resulta por ello una tarea imprescindible recalcar la importancia del estudio de la fuerza y el mundo interiores, pues estos, descritos por el taoísmo como energía Yin[5], son quienes incuban a la vida y al espíritu, es fundamental para todo aquél que busque el autoconocimiento, tener el mapa básico sobre el estado de su emocionalidad, los puntos fuertes y las oportunidades de mejora. El estudio de todas las Lunas y de los aspectos en conjunto con sus fases, resulta un trabajo de toda la vida, pues notarás, querido espectador, que al comprender tus propios ciclos lunares, te será muy sencillo observarlos en las personas más cercanas a ti, aportando una comprensión más alta no solo sobre tu propio mundo emocional, también comprenderás el mundo interior de otras personas, y esto, hecho desde el amor y el profundo respeto, es una de las claves del desarrollo comunitario sano.

Ahondaremos primero en los elementos y posteriormente, en sus particularidades, es importante mencionar que estos, van de la mano con la fase lunar y cada individuo presentará con sus propios matices diversos matices emocionales, que se corresponden también a su propio desarrollo o la falta de este.

Lunas del elemento fuego :

---

[5] Lao Tsé (siglo VI A.C.) Tao Te King, principio LXI, libro electrónico. https://zoboko.com/book/nm1lmd4w/tao-te-king-texto-completo-con-indice-activo

Cuando hablamos de las lunas de fuego, nos encontramos con naturalezas opuestas/complementarias, esto nos da como resultado, lunas sumamente pasionales, por lo general, de emociones más cortas e impulsos que no perduran mucho tiempo, si son integradas de forma correcta, nos da como resultado lunas sumamente artísticas, carismáticas y una emocionalidad que dota de una extraordinaria fuerza y poder al individuo.

Aries, la Luna y el Guerrero Divino.

En la astrología tradicional, esta Luna se considera en caída, pues la naturaleza iracunda del dios Ares, poco puede entender a la nutrición y cuidados lunares. Estas lunas necesitan de la activación física y/o un estímulo emocional fuerte para sentirse en seguridad, es de las lunas con emociones más secas o de corta duración, en cambio, sus emociones suelen ser muy intensas, especialmente hacia sentimientos de ira, recordando que Aries representa al fuego en forma de explosión. El trabajo de esta Luna puede dirigirse hacia el equilibrio y la mesura, al acercarse a disciplinas marciales, donde se dota de dirección a esta energía bélica, bajo una estructura que proviene de diversas filosofías, el nativo aprende a cuidar que ese fuego interno se mantenga estable y no explote y consecuentemente se apague de manera indeterminada.

Leo, la Luna en matrimonio cósmico:

Nos encontramos con una Luna mucho más carismática y direccionada hacia las emociones de la alegría, pareciendo en ocasiones una emocionalidad incluso infantil, expresado así, no por una falta de control ante estas emociones, más bien, hablamos de una pasión propia de quien siente por primera vez. Se siente en seguridad con situaciones sociales, especialmente si el nativo ha organizado dicha situación, suelen posicionarse como líderes o maestros. En ocasiones suelen tener una pasión desmedida y disfrutan enormemente de ser vistos u oídos, esto les puede llevar a un egocentrismo de una gravedad enorme, sin embargo, estos aspectos trabajados dan como resultado una emocionalidad generosa, carismática y pasional que puede dirigir sus impulsos hacia el arte. La caridad es una virtud a practicar para evitar el ego exacerbado en estos individuos.

Sagitario, la Luna y el filósofo:

El fuego de Sagitario es un fuego mucho más apagado, es la imagen del viejo guerrero que ha integrado y está en un proceso de trascendencia, por lo cual, la flecha del centauro representa los viajes y la comprensión racional. Esta Luna se siente segura con la racionalidad y los viajes, si no los realiza de forma física, se sentirá complacida por lo menos con viajes mentales. El nativo de esta Luna se encontrará con una gran facilidad para asimilar conocimientos y su inclinación emocional puede moverse más hacia el deseo. La imagen del centauro nos da la idea de aquél que se encuentra en un estado que le posibilita moverse y encontrar nuevos horizontes. Puede volverse una Luna muy errática y desapegada de la tierra, siempre que se trabaje de manera correcta, será capaz de aplicar sus conocimientos y darle dirección a la flecha.

Lunas del elemento tierra:

Las lunas en tierra suelen ser muy estables por regla general, exacerban características femeninas, esto debido a que la tierra tiene esta polaridad, aunque expresada desde otra perspectiva. Tienen una fuerza manifestadora muy fuerte, sin embargo, pueden ser sumamente sensibles a los ambientes físicos en los que se desarrollan y necesitan cultivar en sí la característica de la flexibilidad y la expansión para encontrarse en equilibrio, de otra manera, podrían volverse sumamente constrictivas y si no autodestructivas, lunas sumamente apagadas, calcificando emociones en el cuerpo y provocando enfermedades a largo plazo. El cuerpo y la conciencia espacial deben trabajarse entonces en su justa medida, solo así se desenvolverá todo su potencial.

Tauro,la Luna y Venus, elementos de lo femenino:

Esta es una posición donde la Luna se siente cómoda, al ser un signo lleno de la idea de nutrición y la tierra en su estado puro, de alguna manera infantil, da como resultado una luna sumamente femenina, aterrizada y conectada con la tierra y sus emociones, esto puede resultar muy provechoso para el nativo, pues le dará la sensación de que su mundo emocional es expansivo, tiene espacio suficiente para el desarrollo sano de todas las posibilidades, representa una unión muy armoniosa y provechosa. Bajo el lado oscuro, puede tender al hedonismo extremo e incluso a la pereza, en últimas instancias, la apatía puede aparecer como un agravante para quien experimenta sus cualidades nativas. Del mismo modo, existe, como en todas las lunas de tierra, un peligro hacia el materialismo extremo. Un desarrollo sano de la disciplina y cierta idea de orden y estructura son fundamentales para esta Luna.

Virgo, la Luna y la virgen cósmica:

Esta es una Luna asociada al orden, la productividad y el servicio, a pesar de ser un signo femenino, empieza a enfriarse un tanto a nivel emocional. El correcto funcionamiento de las cosas, la salud y la pulcritud son temas de gran importancia para el nativo de esta Luna, de otra manera, podría sentirse agotado de manera inexplicable. Tiene facilidad para conectar con el mundo racional y las soluciones, tiene menos posibilidades de volverse hiper materialista, pero si será bastante mental. En el lado de sombra de esta Luna, puede ser demasiado responsable e incapaz de servirse así misma, necesita encontrar sus propios estados de seguridad que no incluyan el servicio para otros, solo así podrá equilibrarse, recargarse y así hacer una de sus actividades favoritas, ponerse al servicio de otros. Necesita mantener una mente libre de distracciones y cosas que le alejen de su ser.

Capricornio, el rigor de Chronos y la Luna:

El padre tiempo nos aporta no solo severidad y un sentido muy profundo de responsabilidad, también nos aporta disciplina y estructura, esto puede parecerle muy doloroso al nativo de esta Luna, pues estará sumamente sumido en su lado racional y puede costarle trabajo soltar el control. Al ser una Luna de tierra que ya está fría, suele ser poco apasionada, llegando incluso a la apatía o al pesimismo con relativa facilidad. Las ventajas de esta Luna salen a brillar cuando enfoca dicha mentalidad en una producción material que tenga un profundo sentido espiritual y/o asociado al propósito del alma, de otra manera, vivirá en una constricción y aflicción constante. El nativo debe cuidarse entonces de la racionalidad y el control excesivos, este le dañarán aunque los sienta como su santuario interno. Debe existir una reconciliación entre las estructuras de Saturno y la flexibilidad de la Luna, esto logra que el individuo tenga verdaderamente el control y conocimiento del influjo de sus energías y emociones. Debe conectar para esto, con su lado más artístico y cultivar su parte estética y emocional.

Lunas del elemento aire:

La características de esta Lunas es la volatilidad. Son dominadas por el campo mental, no obstante, comparte la cualidad húmeda que propicia el sentido de generación a las emociones. En estas lunas, la búsqueda intelectual se encuentra muy estimulada, por lo que la adquisición de información digerible por el lado racional se vuelve sumamente apetecible para los nativos de estas lunas, son, a la vez, de las más abstractas y movibles, se les puede ver aficionadas a actividades muy simples, tal como la observación de plantas, flores, el movimiento de la vegetación y la fauna, a la par que pueden interesarse por procesos sumamente complejos, que implican el método científico y teorías complejas. Esto les hace personas sumamente enfocadas. Siempre que logren integrar sus conocimientos y plantarse en la tierra, lograrán llevar a cabo proyectos muy provechosos a nivel informacional.

Géminis, la Luna y la dualidad interna:

Esta es una Luna sumamente activa, intrépida, e incluso sus niveles de energía la pueden calificar de infantil, gusta de los viajes cortos, ya sean físicos o mentales, el consumo de ideas le satisfacen, haciéndole una Luna que comprende todo mediante una inteligencia rápida, asociada con el regente del signo, Mercurio, le da comprensión e inteligencia. En el lado negativo, puede aficionarse por el conocimiento superficial, consumiendo cosas a medias y con una incapacidad de concentración, concreción de planes y proyectos, es muy importante para esta Luna desarrollar un sentido de propósito, metas y responsabilidades que la mantengan en la tierra y le hagan aprovechar su inteligencia para convertir el estudio estructurado y a la par, con la flexibilidad que le caracteriza, en un hábito.
Es importante mencionar que es una Luna que consumirá muchas veces esta información de manera social, pues la comunicación es su fuerte, esto puede traducirse incluso en chismes, malentendidos o la exageración de las historias, es por esto que también es importante sopesar las temáticas que se abordan para esta persona, así como las fuentes y sobre todo, la practicidad que tiene para la vida del nativo, esta es una de las claves para equilibrarse y dar dirección al intelecto.

Libra, la Luna en la balanza:

La exuberancia de Venus vuelve a trabajar en el lado de la Luna, esta vez, dando una mayor importancia a la estética desde el equilibrio, siendo estas Lunas sumamente cuidadosas con sus emociones y su manera de expresarlas. Tienen una sensibilidad muy especial y se caracterizan por ser muy empáticas, esto puede traducirse en ocasiones en cierta dependencia emocional que les puede ser muy perjudicial, es, como Géminis, una Luna muy sociable, las relaciones sociales le alimentan de manera profunda. Debe aprender a darse sus propios espacios y a recargarse también en soledad, de esta manera, lograrán el equilibrio que tanto desean dentro de sus relaciones personales. Es importante poder aterrizar en ellos mismos para que no sirvan a propósitos ajenos a los propios, otro reto será descubrir para ellos mismos sus propósitos y deseos.

Es una Luna que al encontrar este equilibrio, dentro de sus relaciones personales, se sentirá nutrida, feliz y tendrá un desarrollo muy llevadero y sencillo sobre sus emociones y sobre las de los demás.

Acuario, la Luna al servicio de la humanidad:

Nos encontramos ante una de las Lunas más complejas, pues si bien las relaciones sociales siguen siendo clave para estos nativos, también será clave la autenticidad y la fidelidad hacia sí mismos, esto les pueden hacer entrar en una dicotomía enorme. Es de las Lunas más frías y racionales, tienen una tendencia muy marcada a racionalizar sus emociones y a largo plazo, somatizarlas. Son nativos cuyo trabajo se centra en aterrizar en su propio cuerpo para no ignorar por medio de su agudeza mental sus emociones. Esta Luna disfruta de las interacciones en masa, manteniendo y defendiendo su identidad y autenticidad y la de otros. En el caso en el que decida ignorar sus emociones actuará como una olla de presión, dándole dos salidas a sus emociones, una por medio de las enfermedades y/o lesiones corporales, que se manifestarán en la parte corporal correspondiente a la emoción predominante que se está reprimiendo (como tristeza en los pulmones, miedo en los riñones, etc) o con explosiones emocionales que no le parecen propias, en el peor de los casos, puede llegar a estados disociativos. El arte es una forma en la que no se siente forzada a aterrizar de manera brusca y le permite desarrollar su autenticidad, es una herramienta fundamental para la sensibilidad de estas Lunas.

Lunas del elemento agua:

El agua es el elemento por excelencia de la Luna, siendo en estos signos donde se verán exacerbadas sus características, esto puede ser muy propicio para el individuo, siempre que se equilibre con elementos adyacentes y logre dar dirección a toda su energía emocional, de otra manera, estas personas suelen verse inundada por sus emociones.

La sensibilidad especial que adquiere la madre cósmica en su hogar, es un elemento de mucha importancia en la sociedad, ya que da lugar a personas sumamente empáticas y con cualidades de terapeuta innatas, si bien otras lunas como la Acuariana también poseen esta posibilidad, a las Lunas de agua se les ha concedido como un don natural, mientras que otros signos desarrollan de manera inevitable estas características ya que su propia emocionalidad o falta de esta, así lo requiere.

El agua reviste entonces un elemento muy cómodo para la Luna, esto les puede hacer caer en una comodidad y conformismo extremos, así como largos períodos de estancamiento emocional, para estar sanas, deben estar en constante movimiento, buscando siempre un desarrollo mejor de sus propias emociones, quizás desde el desapego y disciplinas meditativas. Las cualidades místicas también se dan con mayor facilidad para estos nativos.

Cáncer, la Luna y su templo:

Nos encontramos con la Luna representada bajo la imagen del cangrejo, cuya caparazón es una armazón que protege sus partes blandas, es así que tenemos la idea de habitarse así mismo, tal como los griegos describían la castidad de Artemisa (otra Diosa lunar) como una integridad que no podía ser mancillada, la Luna en cáncer hace de su mayor arma la emoción, pues es un signo donde la Luna integra las emociones de manera más pura en su vida cotidiana. Los nativos de esta signo, tenderán a crear diferentes santuarios, especialmente externos, el hogar y la familia tiene una importancia mayor en sus vidas. Bajo el lado negativo, estos nativos pueden desarrollar muchas fobias e inseguridades, además de un apego excesivo hacia sus familiares, parejas y amigos. Siempre que exista un equilibrio y el nativo aprenda a construir, como el cangrejo, su santuario interno, este podrá entregarse a otros sin dramatizar su propia emocionalidad.

La clave está en la regulación emocional, especialmente el miedo y la tristeza les puede asaltar con bastante frecuencia. Si esta Luna es trabajada correctamente, nos encontraremos con una persona sumamente empática, sensible y con la capacidad de escuchar y ayudar a otros, nutrirlos desde lo emocional y lo físico.

Escorpio, la Luna y el Fénix:

Cuando el Nativo tiene esta Luna, que está en caída, nos encontramos bajo la necesidad de un trabajo monumental de desarrollo emocional. Escorpio es un signo complejo, es representado en ocasiones como un panal de abejas, el cual tiene un potencial excesivo hacia la agresividad porque defiende un gran tesoro: La miel y a la abeja reina. Es por esto que, en muchas ocasiones, esta Luna es malinterpretada y son observadas únicamente por sus cualidades negativas. Sus nativos se caracterizan por una intensidad emocional que varía entre personas sumamente agresivas o agredidas, martirizadas, si esto último es el caso, hay una tendencia muy marcada en polarizarse y volverse el martirizador, pues guardan en forma de rencor, muchas emociones entendidas como negativas (especialmente la ira, desagrado y envidia) , para después utilizarlas como arma contra los otros.

Si el nativo trabaja sus emociones y las transmuta internamente, nos encontraremos con una persona sumamente leal, fuerte, con una emocionalidad dirigida hacia sus objetivos, necesitan de un deporte o actividad física donde puedan descargar esta emocionalidad, el arte también se presenta como una opción, pero debe ser una donde dicho trabajo físico esté presente. La imagen del Fénix hace que estos nativos sean sumamente resistentes ante las crisis y puedan transformar todo dolor en crecimiento personal, este es otro punto donde deben cuidar no provocarse adrede dicho dolor para su crecimiento.

Piscis, la Luna y el solve.

Esta Luna se adentra en las profundidades el océano, aquí aparece la imagen de Neptuno, un arquetipo brumoso, que es atravesado dolorosamente por la realidad material y tiene aspiraciones completamente espirituales, etéreas. Estos nativos están dotados de una sensibilidad única, que en muchas ocasiones no pueden comprender y les abruma por completo, necesitan del arte para imprimir la abstracción y la fantasía que les confiere su imaginación aguda y despierta. Son nativos muy apegados a la proyección de mundos imaginarios. Deben aterrizar para no perderse en sus propias imaginaciones y dejar de distinguir el mundo real, de otra manera, se volverán muy erráticos, imprácticos y atrapados en el dolor neptuniano.

Esta sensibilidad que les es conferida, debe ser trabajada y refinada y serán acreedores de habilidades empáticas muy especiales, siendo estos nativos potenciales terapeutas, especialmente si sus terapias son holísticas y/o tienen componentes que les acerque al mundo de lo místico se sentirán sumamente realizados.

Una síntesis después del análisis:

La Luna en los diferentes signos nos traza un esquema básico que nos permite situarnos en una parte básica del esquema, mencionando que solo proyecta una parte de la realidad de la psique y no su totalidad, pues al ser un elemento tan versátil, rápido y cambiante, los son también nuestras emociones. Al escribir esto, pretendo dar idea de los patrones subyacentes de pensamiento y de comportamiento, recordando que, "así como pienso, así siento y así actúo" . Una vez que aprendemos a distinguir estos patrones en nuestra vida y traemos a la sombra a la consciencia, somos capaces de realizar una transformación alquímica que nos permite sanar..

Cabe destacar que, como nuestro viejo amigo Quirón, hay heridas psíquicas que no terminan de sanar, y son, precisamente, estos dolores de la Luna o la psique, los que nos permiten seguir desarrollándonos como individuos y transformar nuestras emociones para darles orden, significado y estructura. Esta dicotomía del sanador herido es fundamental para iniciar el viaje de autoconocimiento, o en otras palabras, el viaje del héroe que te propongo.

Veremos, ahora, la construcción del templo interno, para comprender la forma en la que podemos, como si se tratase de una nueva casa, ordenar nuestra psique y habitarla desde la consciencia, integrando luz y sombra.

Capítulo 4: El santuario interno

Existe un espacio, dentro de la esencia del ser, donde solo habita una conversación entre dos individuos, el hombre y la energía divina en su más puro estado. Esta sala, es, por definición, total y completamente privada. Es aquí donde la soledad (la edad del sol)[6], se instaura como un sentimiento de profunda paz y armonía del ser con su esencia divina. Ya no existe dualidad y la ilusión de la separación ha sido rota, son estas instancias, donde el individuo sufre su mayor transformación, pues se ha despojado de toda ilusión y la máscara del ego se debe dejar en las capas anteriores. Es un lugar sumamente profundo y sagrado, el equivalente al fuego dentro de los templos.

Sin embargo, existen antesalas para llegar a estos lugares, y parte de la función lunar, es precisamente, proteger para que sólo los iniciados puedan entrar a estas antesalas que están imbuidas por la energía divina. Cualquier cambio que se haga en la estructura bellísima de estos templos, pueden significar un cambio radical en el comportamiento exterior de su dueño, efectivamente, pretendo con esta alegoría hablar sobre el inconsciente individual (no olvidemos que, según la obra Jungiana, siempre está conectado con el colectivo)[7], explicándolo como un conjunto de cosas relativamente ordenadas para asegurar que el individuo pueda tener su desarrollo. Cuando se encuentra en extremo desorden, surgen conductas totalmente desordenadas, es por ello, que para la construcción del templo interno, es preciso bajar hasta él, con una antorcha, tomar con mirada de amor cada elemento, por más terrible que nos pueda parecer, y ordenarlo para que lleve a cabo, de forma adecuada, su función.

El templo debe limpiarse y tener un mantenimiento constante, de vez en vez, se deben renovar los elementos y esto se logra a través de la alimentación consciente de la psique. Esto surge de manera orgánica pero no siempre direccionada, o incluso, se ha utilizado a lo largo del tiempo para manipular y hasta someter al individuo. La mala comprensión de los símbolos puede llevarnos a acciones terribles, callejones sin salida y otras situaciones que

---

[6] He aquí que es importante mencionar la era del Hermitaño, donde el sujeto debe someterse a un periodo de aislamiento y solo así surge la existencia consciente de esta sala. Recuerda este respecto a los cuarenta días que Cristo pasó en el desierto. Se puede observar la expresión de este desierto en la Obra de Carl Gustav Jung (2012) , El libro rojo, páginas 182-184, por la fundación Philemon.
[7] Op cit. pag. 99

escapan de nuestro control. Un ejemplo de esto puede ser observado en ciertas psicosis en masa que han ocurrido a lo largo de la historia, por ejemplo, durante la segunda guerra mundial, donde personas totalmente normales, individuos relativamente sanos a nivel psíquico, por medio de la propagación de estructuras de odio, resentimiento e injusticias alimentados por el hambre física y una persona excesivamente carismática y con una retórica impecable, fueron llevados a cometer atrocidades de las cuales, dichos individuos expresaron un enorme arrepentimiento.

Otro ejemplo de esto: Existe quienes, después de estar en estructuras donde se trabajan los templos internos de manera intencional para el beneficio de una sola persona o un grupo muy reducido, (conocidas como sectas o estructuras piramidales, también podríamos llamarles péndulos según la descripción de Vadim Zeland[8]) reconocen haber entrado en una especie de "trance" , en el que se dio un significado completamente distorsionado a las acciones propias o de otros, reconocen también las técnicas de manipulación utilizadas por los narcisistas y en muchas ocasiones, refuerzan su conciencia y los guardianes del templo se vuelven mucho más avispados para saber qué elementos permiten dentro y cuales deben ser observados, integrados y neutralizados, o incluso, a cuales no se les debe de alimentar en absoluto, no al menos, sin una antorcha más potente y quizás, una espada llamada discernimiento.

A diferencia de los lentes de dualidad a los que estamos acostumbrados, en estos templos se sostienen ídolos de toda clase, ideas de toda clase y sí, en ocasiones, con principios que son chocantes o contrarios, sin embargo, la clave se encuentra en el alimento psíquico que damos y el que omitimos.

¿Cómo nos alimentamos psíquicamente?

Se ha hablado ya que en la medicina hipocrática existen varias formas de nutrición, física (alimentos y movimiento) , social e intelectual, es importante mencionar que estas tres alimentan de manera diferente a la psique, pues encierran en sí diversos arquetipos, significados y narrativas que nos van conformando a nivel psicológico. El cuidar cada una de ellas resulta fundamental para poder transformarnos y desarrollarnos a nivel personal.

Muchas personas dejan que la corriente siga de manera dolorosa y simple su rastro, consumen todo lo que se les pone enfrente sin meditar un momento ante qué es bueno y que

---

[8] Zealand, Vadim (2010) Reality transurfing, Tomo I el espacio de las variantes, como deslizarse por la realidad, capítulo I, editorial Obelisco.

no. Si bien es cierto que la tarea del humano es la transmutación de los metales del plomo hacia el oro (de manera metafórica), muchas veces este consume el metal sin refinar, o bajo ciertos efectos de distorsión que, lejos de mejorar su alma, la envenenan.

Muchos estudiosos han despreciado en este tema (sobre la nutrición del alma) la importancia de la salud del cuerpo, adentrándose en exuberantes impulsos hedonistas o en terribles carencias de un estoicismo exacerbado, sin embargo, todo alimento que consumimos tiene un enorme poder sobre nuestra psique, ya que, en el fondo, sigue representando arquetipos (cada sabor provoca una emoción que nos lleva a actuar de manera diferente) . Es por ello que resulta vital acceder a una alimentación intuitiva y reconocer las necesidades emocionales detrás de esto, que en ocasiones pueden ser sustituidas por otras formas de alimento psíquico.

No ahondaré más sobre este tema, más bien recomendaré en este caso, estudiar alimentaciones antiguas que incorporan a los sabores como los principales remedios, a saber, la ayurveda, la kemicina (práctica de Egipto) y la medicina hipocrática.

Ahora bien, el alimento psíquico es la materia prima para el templo, cualquier libro, relato, ficción, anécdota que decidamos consumir y más aún, aceptar como cierta, lógica, pasa a formar parte de nuestro subconsciente y alimenta un arquetipo ya existente. En términos básicos, podríamos hablar de 12 arquetipos principales, que es el número de Dioses para la cultura greco romana, tomando esta referencia ya que es una base para el mundo Occidental, sin que esto niegue la existencia de otras posibilidades y, la clara existencia de muchos sub arquetipos. Otra base que se puede utilizar, sería la de los 21 arcanos mayores del tarot.

Cada uno de estos arquetipos debe ser revisado con sumo cuidado, pues en ocasiones, una educación limitante (como suelen serlo todas, al fin y al cabo) , pueden dañar o fragmentar, cada uno de estos arquetipos e irnos separando de la unidad, pues sin uno de estos correctamente configurados, manifestaremos las consecuencias negativas de dicho arquetipo.

Es así cuando debemos tomar, con pinzas y una antorcha, cada una de las estatuillas de nuestro inconsciente, para revisarlas, pulirlas, alimentarles y después, colocarles amorosísimamente en su lugar. Prácticas tales existen en demasía, todas las artes son una representación de ello, terapias como el psicoanálisis, constelaciones familiares, incluso disciplinas que se dediquen a ordenar los espacios físicos, nos llevan a una profunda limpieza del templo interior.

La construcción de dicho templo es una actividad inevitable para el ser humano, su mantenimiento, y por lo tanto, el mantenimiento del templo de la humanidad, una tarea titánica y en constante movimiento.

La Luna pasa a ser entonces, el lugar donde reina la sombra del templo, se le debe dejar a los objetos ahí después de mantenerlos, confiando que en el velo de la noche, dichos arquetipos puedan trabajar para nosotros y nuestro beneficio, siendo nutridos por las emociones sentidas bajo su correcta medida. Otro punto a considerar es el espacio, y aquí con espacio, precisamos ahondar en cómo expandir nuestro templo.

Existen mentes que se encuentran sumamente desordenadas y sin ningún tipo de espacio, los pensamientos corren de un lado a otro sin ninguna línea definida, y existe tan poco espacio para ellos, que los pasillos del templo quedan abarrotados y llenos de basura. En estos casos, la meditación es una herramienta básica para crear espacio, ya que para los templos de la consciencia, con espacio nos referimos al tiempo físico. Si no cultivamos nuestra mente y la no mente[9] (que es la presencia divina en el ahora) , nos quedaremos con templos abarrotados y que desprendan una energía de caos e inquietud.

Esto, por Ley de Correspondencia[10], tiene sus síntomas en las estancias externas y las situaciones vitales. Un templo desorganizado, genera una mente desorganizada, que a la larga, generará espacios físicos desorganizados y situaciones bajo esta misma índole. En ocasiones, se puede trabajar de forma contraria, empezando por limpiar nuestros espacios físicos, por ejemplo, dejando que esto tenga una influencia única, fuerte y verdadera para nuestro más profundo interior, y de esta manera, el cambio puede ser permanente.

Disciplina y flexibilidad.

Bajo estas dos premisas, cuyo ningún extremo nos lleva a la plenitud, debemos aprender a transitar el camino medio, por un lado, la Luna necesita de una nutrición a varios niveles, y por otro, necesita nutrir, es por ello que debemos encontrar la manera de amplificar la energía que pasa por este centro, de manera sana y sin acumularse, ni drenarse, pues cualquiera de esas dos acciones nos llevan al estancamiento, principio opuesto a la vida.

La Luna tiene tendencias de manera general hacia la flexibilidad, es un ser muy cambiante y multifacético, como ya se ha descrito anteriormente, sin embargo, esto le ata al principio del dolor y el placer, siendo que necesita entonces de una disciplina ordenada que le lleve a pagar

[9] Tolle Eckart (2012) El poder del ahora, pag. 32, Editorial Grijalbo
[10] Tres iniciados (1908) El Kybalion, Estudio de la filosofía hermética del Antiguo Egipto y Grecia, pags. 15-16 , versión digitalizada por Jesús M. López, MST San Juan, Puerto Rico

la cuota de sus placeres desde la consciencia y no desde la enfermedad. Un ejemplo de esto, sería una Luna en Tauro que disfrute mucho de saciar sus necesidades emocionales por medio de la comida, y he aquí que la glotonería le cobra factura, puede pagarla realizando mucha actividad física o sufriendo de enfermedades nutricionales y un exceso de calorías. He aquí la gran importancia de saber los costos de cada una de las necesidades de nuestras Lunas. Lunas más mentales, como la Acuariana o Capricorniana, podrán regocijarse de estar un gran periodo de tiempo evitando sus emociones por medio de la hiper racionalización de las mismas, el costo de esto, es un gran desconecte con el cuerpo y la sensibilidad, para lo cual, bastará aprender bajar al cuerpo y sentir las emociones, de otra manera, podrían sufrir de enfermedades somáticas.

Como en todo, si seguimos la Ley de Ritmo, donde cada uno de los procesos tiene su espacio y una profunda aceptación del momento, el sujeto quedará libre de una sensación de estar gastando sus recursos y verá cada una de sus acciones, en cambio, como una inversión para el desarrollo de su alma.

El arte y la ciencia como herramientas para la psique

Aún cuando la búsqueda por la comprensión del mundo pertenece al ego, a aquella parte animal que busca la supervivencia (pues el alma se sabe conectada al todo, incluso al vacío y se reconoce como inmortal) , el arte y la ciencia a largo plazo pueden acercar al individuo a la colectividad, por lo que dichas actividades resultan fundamentales, por lo menos en términos básicos, para la construcción del santuario interno. Si alguna de estas se le omite, o incluso, se busca matarle (lo cual resulta una tarea más que penosa, imposible) , la psique crecerá fragmentada y con un profundo sentimiento de estar mancillada.

Existen tendencias de los individuos hacia una y otra vía, pero es aquí donde, de nuevo, se nos insta a escoger el camino de en medio, encontrándonos con que *"toda paradoja es reconciliable"*[11], y los mayores avances del alma se encuentran bajo la reconciliación de las paradojas. Observando a los grandes maestros renacentistas comprendemos que siguieron estos principios para su desarrollo personal, al ser, grandes científicos, impulsaban su carrera artística, y viceversa.

---

[11] Op cit. , pags. 17-18

Capítulo 5:

Tiempos de siembra y cosecha, aprendiendo a alinear nuestro trabajo con la Luna

El órgano/tambor, el corazón:

Existen desde tiempos inmemoriales, instrumentos rítmicos, existen diversos descubrimientos que sugieren que fueron de los primeros instrumentos en ser utilizados en la prehistoria[12] y era de esperarse, que el hombre maravillado por tan perfecto órgano (el corazón) , cuyo sonido inquieta y aclama los oasis del descanso y la paz, buscara recrear y amplificar este efecto. El ritmo es un principio fundamental de la naturaleza, se nos presenta femenina, redonda, ya que esto es lo único que puede contener en sí, a todas las formas y aún estar con espacio para sí. El vacío que nos proporciona lo cíclico, lo rítmico, es el envase perfecto sobre el cual se vierte la realidad.

Así mismo está sujeta la Luna a estos principios, siendo una de las guías más importantes para la humanidad, así mismo, conociendo ya las etapas básicas de la Luna, y a la par, cada una de las energías zodiacales, podemos propiciar la siembra y cosecha de diferentes objetivos, así como la purga de lo que ya no sirve, y la nutrición de los proyectos en ciernes.

Esta alegoría, nos ayuda a comprender las fases del ritmo, mientras que un principio femenino vacía, limpia, depura (las venas, de Venus), un principio masculino nutre, acciona y alimenta (Las arterias, de Marte). Es así como el observar el funcionamiento del corazón nos ayuda a comprender los ciclos en general.

---

[12] Colaborador Invitado (2012) La música en la Prehistoria, http://naukas.com/2012/06/20/la-musica-en-la-prehistoria/

Existen diversas formas de utilizar la Luna para estos fines, desde la plantación literal de plantas (esto se debe hacer, por regla general, en Luna nueva, que es cuando el agua y por lo tanto, los nutrientes se encuentran concentrados en la tierra), el cortar el cabello (cambia según los objetivos del corte) , realizar ejercicios terapéuticos y hasta planear objetivos a corto y mediano plazo.

Dos ciclos que se abren:

Con cada Luna nueva, nos encontramos ante la posibilidad de cambiar lo que sembramos, la energía está en lo más bajo de la psique, nos permite trabajar en las partes subconscientes del ser y conectar con nuestro propósito, para esto, hay que sabernos creadores de la realidad y no víctimas de las circunstancias. Muchas veces actuamos desde el automático, esto pasa por una profunda desconexión con el tiempo presente y el estancamiento de nuestra atención en momentos pasados (que dan una tendencia a la depresión) y futuros (tendencia a la ansiedad), deseando que las cosas fluyan al compás del ego, y esto no resulta únicamente en un trabajo infructuoso y frustrante, también significa una merma seria de nuestras energías.

Al conocer los ciclos lunares y observar nuestras emociones durante estos, podemos descubrir los bloqueos que no nos permiten llevar a cabo la acción correcta, y por lo tanto, corregirlos para que fluya de mejor manera la energía. De esta manera, también comienzan a ocurrir sincronicidades, que permiten al humano ponerse en contacto estrecho, en el aquí y el ahora con las fuerzas universales, cuyo cauce le ayuda a el cumplimiento de sus objetivos personales.

Es un proceso que en ocasiones implica el afrontar dolores físicos, emocionales y hartazgo mental para una purificación del ser. Es por ello que se recomienda no anestesiar los dolores y enfrentarlos de la manera más pura posible (en medida de que esto no signifique un daño para el individuo, por supuesto, la contención y a veces, dosificación del dolor es necesario para que el proceso no destruya por completo las estructuras psíquicas, ni acabe con las reservas de energía) . De esta manera, nos encontraremos con una energía mucho más liviana y que aprende, paso a paso, a entrar en un estado de no resistencia, o por llamarlo de otra manera, a un estado Tao, o en palabras del neurofisiólogo Jacobo Grinberg, un estado de coherencia absoluta, que nos conecta de manera directa con el concepto de la física cuántica llamado lattice[13] y nos permite moldear la realidad a nuestros deseos y gustos. A este respecto, también podemos conectar con el término de los fractales[14]

Hablando concretamente del papel de la Luna con esta conexión con el presente, cabe destacar que sus ciclos nos brinda de manera constante oportunidades de siembra (por lo menos una vez al mes, durante la Luna nueva), nutrición, cosecha y descarte. Nos proporciona todas las energías y herramientas necesarias para conectar con nuestros procesos y depende de nosotros, del conocimiento y consciencia que pongamos sobre estos ritmos, el tomar este poder para la creación de una realidad más armoniosa y que nos acerque hacia nuestro propósito. Sin más, hablaremos de los ciclos menores y los ciclos mayores de la Luna y cómo utilizar cada uno de ellos.

Esta distinción nos permite establecer objetivos a corto, mediano y largo plazo, además de ponernos en un estado de consciencia sobre las energías actuales de cada individuo.

Portal mensual:

Durante la Luna Nueva, podemos establecer nuevos objetivos, idealmente deben estar alineados con la energía donde cae el signo de la Luna, de esta manera, encontraremos una mayor facilidad para conectar con dicha energía y poder plantar nuestra intención desde un lugar consciente y auténtico. Estas intenciones, al ser seccionadas como objetivos a corto plazo, podremos alimentarlas a lo largo del ciclo lunar mensual, observando los cambios que dicha consciencia produce en nuestra psique y la manera de realizar nuestras actividades. El seguimiento y la nutrición durante este período resultan claves para la obtención de resultados, siempre que se lleven a cabo desde la no resistencia y con la mayor naturalidad posible.

Para esto, es sumamente importante convertir en rutina los ejercicios meditativos, que ayudan a desarrollar una mayor energía y orden internos, esto, por Ley de Correspondencia, nos lleva a crear más energía y orden externos, lo cual es sumamente importante para la manipulación de la realidad, de otra manera, pueden llevarse a cabo manifestaciones sumamente caóticas o

---

[13] Grinberg Z, Jacobo (1991) La teoría Sintérgica, pags. 14-17, UNAM, en colaboración con el Instituto Nacional para el estudio de la consciencia. Para este respecto, se sugiere explorar todo el material de Jacobo Grinberg, expresa múltiples veces en su libro Las manifestaciones del Ser I: Pachita (1981) , donde observamos como su experiencia con esta figura chamánica moderna, dan una ilustración perfecta de este estado de coherencia con la Lattice.

[14] Este concepto, acuñado por el matemático francés Benoît Mandelbrot en 1975, expresa la geometría fractal o infinita de las cosas, donde siempre podremos observar una medida más pequeña y sutil en cada uno de los objetos físicos, esto no tiene un fin.

incluso contraproducentes, nuevamente el énfasis es hacia la energía interior como principio para el cambio exterior.

La Luna creciente, nos llevará durante esta etapa a nutrir nuevamente nuestro objetivo de manera profunda, alimentandolo de acciones y pensamientos congruentes, para finalmente ser disfrutada la cosecha durante la Luna llena, tras lo cual, la Luna menguante nos llevará a terminar de "podar" el campo para abrirnos a nuevas posibilidades en el siguiente ciclo y poder sembrar en una tierra fértil.

Portal semi anual:

Una vez tenemos establecida la rutina de consciencia mensual, es más sencillo entrar en periodos más largos de siembra y cosecha, que permiten por lo tanto, la obtención de metas de mayor escala, para esto, se toman en cuenta la Luna de la misma manera que en el periodo anterior, sin embargo, teniendo en consideración que el fruto no se recogerá, si no hasta la próxima Luna llena en el signo donde se plantó, esto crea portales con duración de 6 meses para sólo la cosecha, mientras que la poda se llevará a cabo aproximadamente 9 meses después de plantar el objetivo, para repetirse el ciclo de manera anual.

La siembra durante la Luna nueva conlleva entonces, el planteamiento de objetivos de todo tipo, es muy importante llevar registro de los avances, pues teniéndolos, podemos comprender de qué manera nuestras manifestaciones se han o no dado, de esta manera podemos comprobar también la efectividad de diversos métodos y acciones particulares.

Habiendo describiendo brevemente estos dos ciclos, cabe destacar que la observación es vital durante la etapa de nutrición de nuestros objetivos, y no únicamente durante la siembra, pues de esta manera, nuestra intención se va menguando y toman terreno las "malas hierbas" o incluso "Plagas" que puedan sustraer toda la energía de los ciclos lunares (traducido como malos hábitos, o una desviación seria de los objetivos, que lleva a una dispersión de la energía) .

Retomando la imagen vista antes, del templo, hablaremos de las antorchas que deben permanecer alertas y despiertas durante todo el periodo de nutrición, es indudable que, cuando encendemos una luz en la consciencia, esta permanece activa, sin embargo, puede menguarse o alimentarse de manera incorrecta, pero no apagarse por completo, menos si existió una plantación especialmente intencionada.

El secreto está en que la energía inicial abre un proceso que nos conecta de manera más profunda con el flujo de energía lunar, este seguirá activo y dependerá de nosotros cuidar aquello a lo que estará alimentando. He ahí la importancia vital de ponernos en un flujo sincronizado con dichas energías, para aprovecharlas y que alimenten aquello que más nos importa.

Capítulo 6:
Algunos ejercicios y consideraciones

Hemos visto ya las implicaciones de conocer los ciclos lunares, la simple observación de la Luna puede traernos enormes beneficios, cuando tomamos una consciencia mayor y nos ponemos en flujo con su energía, podemos acceder a un estado de sincronía enorme con el mundo que nos rodea. Existen numerosas formas de ponernos en contacto con los ciclos lunares, para lo cual, resulta primero imprescindible contar con un calendario (físico o digital), el cual nos permita llevar cuenta de dichos ciclos. En un inicio puede ser útil tener calendarios antiguos para observar como sucesos importantes han sido influenciados por dichos ciclos y a la larga, poder establecer el patrón para poder estimular los impulsos positivos y compensar los negativos. Esto nos remonta a la carta del tarot de la rueda de la fortuna, recordando que, por acción de la manivela, que está en la parte externa, nos indica que los ritmos naturales son inequívocos, inevitables, haciendo que la única manera de compensación debe ser mediante la previsión y el fortalecimiento internos. Es de esta manera que la observación se convierte en un primer ejercicio práctico.

Los siguientes ejercicios surgen a partir de la experiencia, pretenden ser una invitación para que el iniciado pueda experimentar con estos métodos que pretenden ser, en un inicio, un despertar de la consciencia y pasar a ser una rutina que nos ayude a cumplir nuestros objetivos, lo cual, da una apertura a modificar y combinar dichos ejercicios, así como buscar los propios, considerando que cada persona, bajo sus particularidades, puede tener diferentes maneras de conectar con la energía (esto depende también, en gran medida de la Luna natal, sobre la cual, se insta a explorar) .

En este momento, las fuerzas elementales juegan un papel muy importante, al ser parte de la psique del individuo, el uso de cada método puede ser más beneficioso para elementos particulares, se sugiere empezar con el elemento propio y posteriormente explorar los beneficios de los otros e irlos incorporando, creando experiencias cada vez más armónicas y que ayuden a expandir nuestro agradecimiento y conocimiento.

Diario lunar:

Cuando llevamos una bitácora de nuestro sentir y observamos las principales fases lunares, notaremos dicho patrón, lo cual resulta de una utilidad enorme. Llevando a cabo un diario donde tengamos esto en cuenta, nos encontramos con un ejercicio de observación de las emociones de enorme valor, ya que esto nos ayuda a comprender y dar forma a las aguas internas (emociones) y deja de ser algo abstracto. Es de esta manera que podemos sacar agua del pozo de la consciencia y dichas energías trabajan ahora en vías para nuestros objetivos. Bajo la escritura de un diario lunar, podemos observar y escribir los avances. Es de mucha utilidad prestar especial atención a las emociones que surgen durante la Luna nueva y la Luna llena, para esto es útil escribir dicho diario bajo la observación de estas fases. En un inicio puede parecer un ejercicio sumamente simple, pero cuando observamos los resultados concretos y sus beneficios veremos que genera un tipo de consciencia sobre nuestras fuerzas interiores de forma muy particular. Este es un ejercicio de carácter aire y tierra, por lo que constituye una base esencial. Se puede llevar a cabo de forma más artística, realizando un dibujo, por ejemplo. Lo importante es capturar la esencia del sentir y poder traducirlo en momentos futuros.

La fermentación:

Otro ejercicio que nos conecta con los plazos lunares mensuales, es la creación de fermentos, encurtidos y conservas. El mejor momento para realizarlos es durante la Luna nueva o creciente, para ser disfrutados durante la Luna llena, de esta manera, iniciamos el proceso con influencias muy particulares y ciertos signos pueden favorecer de mejor manera sabores particulares. De igual manera, es sabido que la elaboración de dichos alimentos nos conecta más con la tierra, pues terminamos cuidando de las conservas y fermentos como un ser vivo (que lo son, colonias de microorganismos y micro ambientes) , y podemos disfrutar de la cosecha de manera física. Esto nos sumerge en un proceso de aprendizaje enorme, aprendiendo a controlar las variantes, ritmos y observando como los "altos y bajos" de energía afectan a nuestros alimentos. Este método en particular, puede resultar muy especial, ya que los fermentos suelen ser muy susceptibles a las fuerzas ambientales, requiere de mucho cuidado y atención. Es un método que, dependiendo cómo se lleve a cabo, tiene implicaciones elementales tierra y fuego.

Jardinería:

Observando los cambios en la tierra y consumiendo los frutos nos conectamos con la energía lunar y los ciclos vitales, las plantas se ven también influenciadas por las estaciones del año, las emociones y la nutrición que les sea dada. El cultivo de plantas resulta entonces una herramienta de gran ayuda para comprender los ciclos lunares y dicho sea de paso, conectar también con la tierra.

Cartas y sigilos:

Este método es bastante aire y mental, al escribir nuestros objetivos y sentir un profundo agradecimiento por la oportunidad para alimentarlos, así como agradecer durante la cosecha, conectamos desde el simbolismo. Es un ejercicio en el que también se requiere de desapego, pues la mejor manera de integrar dichas cartas y sigilos[15] al subconsciente, es dejándolos ir por medio de las fuerzas elementales. Idealmente, el fuego y después la tierra. Esto permite que la energía se transmute de una manera más sencilla.

Activaciones físicas:

Este es el método con más carga elemental fuego. Pueden imprimirse intenciones por medio del ejercicio físico, danza e incluso sexualidad para acceder al subconsciente. Es importante buscar un equilibrio entre el elemento agua para que el fuego potencie la capacidad de manifestación del individuo.

---

[15] Para realizar sigilos, pueden consultarse diversas fuentes, la llamada magia caos es una representación modernas de cómo realizarlos, no obstante, estas técnicas se remontan al uso de runas como práctica no solo adivinatoria, si no como amuleto y talismán. Se sugiere revisar diferentes fuentes para un uso correcto de esta técnica.

Algunas consideraciones:

Este libro pretende ser una introducción hacia la auto observación y a el reconocimiento de la Ley Hermética de Correspondencia, lo cual, nos permitirá comprender la creación de la realidad como un acto que inicia desde dentro, para, con el tiempo, dar materia a aquello que deseamos, es por esto que se insta no solo a la experimentación y descubrimiento de nuevos métodos, el seguimiento de los movimientos astrales significa un aprendizaje de mucho provecho, instando a ver cada tránsito como una oportunidad para transmutar la energía a nuestro favor.

Resulta fundamental utilizar este conocimiento con responsabilidad y para uno mismo, de otra manera, pueden llegar a ocurrir manifestaciones incompletas, incorrectas o incluso negativas para la experiencia del individuo, si esto llega a ocurrir, tenemos aún la posibilidad de transmutar la energía y tomar dicha experiencia como un aprendizaje más profundo de nosotros mismos, de esta manera, el crecimiento en cada ciclo será palpable. El terreno que es conquistado una vez puede perderse, pero aquello que se pierde, se vuelve a conquistar, desde un punto mucho más experienciado y sabio.

Estos caminos inducen al individuo a acercarse más a su polaridad femenina, recordando que siempre debemos tomar el camino medio y utilizar una energía a favor de la otra, hago una invitación final hacia el equilibrio y la armonía, destruyendo la ilusión de una dualidad destructora, logrando así, el matrimonio alquímico.

Que este libro, te sirva como un conocimiento de vida y todas tus intenciones sean nutridas, cosechadas e integradas al templo de tu subconsciente.

Desde el corazón,
Aura Metzeri Altamirano Solar

Bibliografía:

Libros físicos y electrónicos:

- Grinberg Z, Jacobo (1991) La teoría Sintérgica, UNAM, en colaboración con el Instituto Nacional para el estudio de la consciencia.
- Jung, Carl G. (2012) , El libro rojo, fundación Philemon.
- Lao Tsé (siglo VI A.C.) Tao Te King, libro electrónico. https://zoboko.com/book/nm11md4w/tao-te-king-texto-completo-con-indice-activo
- Tolle Eckart (2012) El poder del ahora, Editorial Grijalbo
- Tres iniciados (1908) El Kybalion, Estudio de la filosofía hermética del Antiguo Egipto y Grecia,, versión digitalizada por Jesús M. López, MST San Juan, Puerto Rico
- Zealand, Vadim (2010) Reality transurfing, Tomo I el espacio de las variantes, como deslizarse por la realidad, editorial Obelisco.

Artículos electrónicos:

- Colaborador Invitado (2012) La música en la Prehistoria, http://naukas.com/2012/06/20/la-musica-en-la-prehistoria/

Printed in Great Britain
by Amazon

28268034R00022